Les Poneys Magiques

Un amour de poney

L’auteur

La plupart des livres de Sue Bentley évoquent le monde des animaux et celui des fées. Elle vit à Northampton, en Angleterre, et adore lire, aller au cinéma, et observer grenouilles et tritons qui peuplent la mare de son jardin. Si elle n’avait pas été écrivain, elle aurait aimé être parachutiste ou chirurgienne, spécialiste du cerveau. Elle a rencontré et possédé de nombreux poneys qui ont à leur manière mis de la magie dans sa vie.

Dans la même collection :

1. *Un nouvel ami*
2. *Un vœu très spécial*
3. *Des étoiles plein les yeux*
4. *Au bout des rêves*
5. *Le carrousel magique*
6. *Un amour de poney*
7. *Un hiver enchanté*
8. *En colonie de vacances*
9. *Une nouvelle cavalière*
10. *Terribles vacances*
11. *Un poney porte-bonheur*
12. *Un précieux compagnon*
13. *Une fabuleuse équipe*
14. *Au concours hippique*

Vous avez aimé

Les Poneys Magiques

Écrivez-nous
pour nous faire partager votre enthousiasme :
Pocket Jeunesse, 12 avenue d’Italie, 75013 Paris

Sue Bentley

Les Poneys Magiques

Un amour de poney

Traduit de l'anglais par Christine Bouchareine

Illustré par Angela Swan

POCKET JEUNESSE
PKJ·

Titre original :
Magic Ponies – Riding Rescue

Publié pour la première fois en 2009
par Puffin Books, département de Penguin Books Ltd, Londres.

À Strawberry,
une petite rigolote qui a du caractère

Loi n° 49-956 du 16 juillet 1949 sur les publications
destinées à la jeunesse : septembre 2012.

ISBN 978-2-266-21163-5

Dépôt légal : septembre 2012

Prologue

Les ailes déployées, Comète approchait lentement de l'île du Brouillard arc-en-ciel. Plus bas dans le ciel, des chevaux blancs aux ailes dorées trottaient en direction d'une vallée.

Il reconnut les Chevaux des Éclairs, membres de sa harde, et se demanda si Destiny était revenue parmi eux.

Il atterrit en douceur sur l'herbe moelleuse et se mit à galoper, ravi d'être de retour chez lui.

Le soleil faisait luire sa robe crème et sa crinière dorée. Il aperçut au loin une cascade qui se déversait dans un grand bassin d'eau claire. Peut-être que Destiny et les autres poneys des Éclairs viendraient bientôt s'y désaltérer.

Comète se fraya un chemin parmi de gros blocs de pierre et des fougères aux couleurs douces qui poussaient sur un tapis de fleurs argent et or.

Tout à coup, il perçut un mouvement. Son cœur se gonfla d'espoir.

— C'est toi, Destiny ?

Un cheval blanc au regard doré empli de sagesse surgit.

— Malheureusement, Destiny n'est toujours pas rentrée, répondit-il d'une belle voix musicale. Mais je suis heureux de te revoir, mon jeune ami.

Comète s'inclina devant le chef de la Harde des Éclairs.

— Flambeau ! J'espérais retrouver ma sœur ici.

— Elle ne reviendra pas tant qu'elle craindra d'être punie.

Destiny avait égaré la Pierre du Pouvoir, qui protégeait la Harde des Éclairs. Elle l'avait perdue en jouant dans les nuages avec Comète. Et, ignorant que son frère jumeau l'avait retrouvée, elle s'était enfuie pour échapper à toute sanction.

— J'ai du chagrin de la savoir seule, loin de nous, soupira Comète. Où peut-elle bien être ?

— La Pierre va nous le dire.

Flambeau frappa le sol de son sabot et une opale chatoyante apparut.

— Approche-toi, Comète, et regarde bien.

L'opale grossissait et brillait de plus en plus. Une image se dessina en son centre. Comète reconnut Destiny, qui galopait en pleine campagne, dans un monde lointain.

— Je dois aller la rejoindre ! s'écria-t-il.

Dans un éclair violet aveuglant, une brume arc-en-ciel l'enveloppa. Le poney crème aux ailes d'or laissa la place à un robuste poney Dartmoor, à la belle robe baie, au pâle museau et aux crins chocolat.

— Pars vite ! le supplia Flambeau. Conserve cette apparence et trouve Destiny avant les Chevaux de la Nuit !

— Je la ramènerai saine et sauve ! promit Comète.

Il poussa un petit hennissement. Des étincelles violettes illuminèrent sa robe baie. La brume multicolore s'épaissit et se mit à tourbillonner, vite, vite, de plus en plus vite… et il disparut.

1

Paola Prévot sourit nerveusement à la jeune infirmière qui s'apprêtait à lui retirer son plâtre.

— Est-ce que ça va faire mal ?

— Tu ne sentiras rien, je te le promets, la rassura la jeune femme.

Paola avait une peur panique des médecins et des hôpitaux.

L'infirmière se mit au travail. Un petit vrombissement se fit entendre. Quelques secondes plus tard, le plâtre s'ouvrit et l'infirmière le retira.

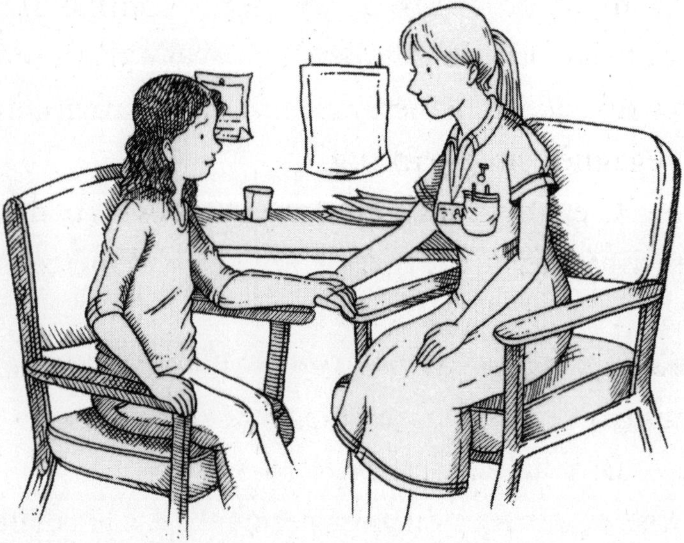

— Génial ! s'écria gaiement Paola en remuant le bras. Je n'ai rien senti !

— Je te l'avais dit. Voilà, c'est fini !

— Tu vas pouvoir reprendre l'équitation, ajouta sa mère.

— J'espère bien, répondit-elle sans oser la regarder, encore traumatisée par le souvenir de sa chute.

Sa mère ne s'aperçut de rien. Comme il y avait beaucoup de monde dans la salle d'attente, elles dirent rapidement au revoir à l'infirmière et regagnèrent le parking.

— C'est déjà les grandes vacances ! Tu dois être impatiente de partir en camp d'été avec Katie et Louis ! s'exclama Mme Prévot.

Katie et Louis étaient les meilleurs amis de Paola. Tous trois allaient ensemble au poney-club.

— Bien sûr, murmura Paola.

Elle ne dit plus un mot pendant tout le trajet.

Le téléphone sonnait quand elles arrivèrent chez elles. Paola courut décrocher le combiné.

C'était Louis. Il voulait savoir comment s'était passé le retrait du plâtre.

— Même pas mal ! fanfaronna la jeune fille. Mon bras est complètement guéri.

— Génial ! Alors, tes bagages sont prêts ? C'est papa qui nous emmènera à la gare routière. Ça va être formidable ! Tu te rends compte, on va passer toutes nos journées à monter des poneys et à nous occuper d'eux ! J'espère que je ne vais pas avoir des bleus aux fesses ! plaisanta-t-il.

— Euh… moi aussi, bredouilla Paola. Salut ! À plus tard.

Après avoir raccroché, elle resta debout dans l'entrée, perdue dans ses pensées. Autant regarder la vérité en face : depuis son accident, elle tremblait à l'idée de remonter à cheval. Elle n'en avait parlé à personne, espérant que sa peur se dissiperait avant son départ pour le camp d'été.

Elle emprunta le couloir et s'arrêta au seuil de la cuisine. Sa mère préparait le déjeuner. Paola n'entendit pas son père sortir de son bureau et fit un bond de surprise quand il lui posa la main sur l'épaule.

— Tu es toute pâle ! s'exclama-t-il. Ça ne va pas ?

— Si… Non… Enfin…

Au grand désarroi de son père, ses yeux s'emplirent de larmes et elle éclata en sanglots. Comment pourrait-elle oublier l'accident et ce qui était arrivé à River, sa gentille ponette grise ? Et comment parviendrait-elle à surmonter la peur qui lui serrait le ventre quand elle s'imaginait perchée sur le dos d'un cheval ?

— Je n'ai pas envie d'aller au camp ! lâcha-t-elle. Mais je ne veux pas non plus laisser tomber Katie et Louis.

— Oh, ma chérie ! s'écria sa mère en se précipitant vers elle pour la prendre dans ses bras. Pourquoi ne l'as-tu pas dit plus tôt ? Tu es encore sous le coup de l'accident de River. Katie et Louis comprendront. Je vais appeler leurs parents tout de suite pour les prévenir que tu n'iras pas au camp cette année.

— Merci, maman, murmura Paola, soulagée.

Sa mère disparut quelques instants.

— Voilà, c'est réglé, annonça-t-elle en revenant dans la cuisine. Il n'y a pas de problème. Tout le monde a compris, ma chérie.

Son père lui tapota le bras.

— Ta réaction est normale. Il faut du temps pour surmonter un tel choc. Tu reprendras l'équitation quand tu iras mieux.

« Mais je ne monterai plus jamais River », songea-t-elle tristement.

Sa courageuse petite ponette avait été grièvement blessée. Elle vivait désormais dans une pension pour chevaux à la retraite.

Paola repoussa une mèche de ses cheveux bruns derrière ses oreilles et sourit avec gratitude à travers ses larmes.

— Maintenant que tu as du temps devant toi, que dirais-tu de m'accompagner à Horseland ? suggéra sa mère quelques minutes plus tard. Annie sera ravie qu'on lui donne un coup de main.

Annie Dupuis, une amie de la famille, venait d'ouvrir un refuge pour les poneys. La mère de Paola allait l'aider chaque fois qu'elle le pouvait.

— Je veux bien, répondit Paola, qui avait hâte de voir comment les pensionnaires étaient installés. Mais qu'on ne me demande pas de monter à cheval…

— Ne t'inquiète pas, on a surtout besoin de monde pour nettoyer les box et le matériel, répondit Mme Prévot en débarrassant les assiettes. Allez, va vite te changer.

Paola respira profondément. Elle se sentait déjà mieux.

— Tout de suite. À plus tard, papa ! lança-t-elle avant de courir enfiler un jean et des bottes.

La ferme d'Annie ne se trouvait qu'à cinq minutes de route. « HORSELAND, UN HAVRE DE PAIX, UN NOUVEAU DÉPART », annonçait un grand panneau à l'entrée du refuge. Paola hocha la tête en lisant ce message plein de promesses.

Les vieux bâtiments en pierre avaient été transformés en écurie, avec des box, une sellerie et une réserve à grains. Des soucis orange et des pensées bleues fleurissaient les plates-bandes et les jardinières posées sur le rebord des fenêtres. Paola fut très impressionnée par les travaux qu'avait réalisés l'amie de sa mère.

Elles trouvèrent Annie installée devant son

ordinateur, dans son bureau, qui les accueillit avec un grand sourire.

— Bonjour, Valérie. Oh, que je suis contente que tu viennes nous rendre visite, Paola ! Alors, que penses-tu de Horseland ?

— C'est magnifique ! Encore mieux que je l'imaginais ! s'exclama-t-elle.

— Ça m'a demandé beaucoup de travail, mais j'y ai mis tout mon cœur, ajouta Annie, visiblement fière du résultat.

Ses grands yeux bleus pétillaient et ses cheveux blonds étaient noués en queue-de-cheval.

— Pourquoi n'irais-tu pas faire un tour pendant que ta maman m'aide à mettre à jour cette base de données ? proposa-t-elle.

— D'accord. À tout à l'heure.

Paola traversa la cour et se dirigea d'un pas nonchalant vers le paddock, où quelques poneys profitaient du soleil. Ils étaient arrivés là en mauvais état, mais à présent ils avaient tous l'air en bonne santé et leur robe luisait. La jeune fille se hissa sur la clôture en bois.

— Salut, les amis. Vous venez me dire bonjour ?

Deux poneys lui lancèrent un regard curieux.

Un étrange brouillard scintillant enveloppa soudain le fond du pré.

« Quel joli effet de lumière ! » songea Paola.

Elle vit alors sortir de cette brume multicolore un mignon petit dartmoor à la crinière et à la queue chocolat et au museau clair. Comme il s'approchait, elle lui tendit la main pour qu'il sente son odeur.

— Bonjour. Que tu es beau !

Les oreilles dressées en avant, le poney la dévisagea d'un air interrogateur.

— Tu peux m'aider, s'il te plaît ? demanda-t-il d'une voix de velours.

2

Paola retira brusquement sa main et écarquilla les yeux, manquant de peu de tomber de la clôture. Elle regarda autour d'elle, persuadée que quelqu'un lui faisait une farce.

Mais il n'y avait pas un être humain à la ronde. Elle secoua la tête.

« J'entends des voix. Les poneys ne parlent pas, même ceux qui ont été sauvés à Horseland ! »

— Je me demande bien d'où tu viens, murmura-t-elle pour elle-même.

— Je viens de très, très loin, répondit l'animal en la fixant de ses grands yeux violets. Je m'appelle Comète. J'appartiens à la Harde des Éclairs et je suis à la recherche de ma sœur jumelle.

— Tu… tu parles réellement ! s'écria Paola, incrédule. Comment est-ce possible ?

— Tous les Chevaux des Éclairs parlent. Et toi, comment t'appelles-tu ?

— Pa… Paola Prévot, bégaya-t-elle. Je… je suis venue ici avec ma mère pour m'occuper des chevaux. C'est une amie de maman qui a ouvert ce refuge.

Comète inclina la tête poliment.

— Je suis très honoré de faire ta connaissance, Paola.

— Euh... moi aussi. Mais tu parlais de ta sœur jumelle... Elle est là, elle aussi ?

— Non, mais elle se trouve certainement dans les environs, répondit-il d'une voix émue. Elle a perdu la Pierre du Pouvoir en jouant avec moi dans les nuages. Cette pierre nous protège des Chevaux de la Nuit, qui veulent s'emparer de nos pouvoirs magiques. Je l'ai retrouvée, mais Destiny l'ignore. Elle s'est cachée dans ton monde, de peur d'être punie.

Paola n'en croyait pas ses oreilles. Cette histoire était digne d'un conte de fées.

— Tu dis que tu jouais avec ta sœur dans les nuages ? Comment est-ce possible ?

Comète secoua sa crinière chocolat et recula de quelques pas.

— Je vais te montrer.

Paola sentit un étrange picotement lui parcourir les doigts tandis que des étincelles violettes illuminaient la robe du poney. Soudain, un nuage multicolore enveloppa l'animal.

La jeune fille plissa les yeux, essayant de distinguer Comète à travers ce brouillard. À la place du petit Dartmoor se dressait un magnifique poney crème à la noble encolure et à la crinière étincelante. Mais ce qui stupéfia encore plus Paola, c'est qu'il arborait deux ailes dorées. Elle n'avait jamais rien vu d'aussi beau.

— Oh ! s'écria-t-elle, le souffle coupé. C'est toi, Comète ?

— Oui, répondit-il d'une belle voix musicale.

Et, sans lui laisser le temps de l'admirer, dans un nouveau nuage de paillettes multicolores, il reprit l'apparence d'un poney dartmoor.

— Waouh ! s'écria-t-elle. Quel déguisement génial ! Destiny peut se transformer, elle aussi ?

Comète hocha la tête.

— Oui, mais les Chevaux de la Nuit ne se laisseront pas duper. Je dois partir à sa recherche et la ramener sur l'île du Brouillard arc-en-ciel, où elle sera en sécurité. Tu veux bien m'aider ?

En voyant l'espoir qui brillait au fond des yeux du poney magique, Paola sentit son cœur fondre. Sa sœur jumelle devait affreusement lui manquer.

— Bien sûr, je vais t'aider ! Attends que ma mère et Annie apprennent…

— Je suis navré, mais tu ne dois parler de moi à personne.

Paola était désolée de ne pas pouvoir partager ce fabuleux secret. Sa mère et Annie auraient été si contentes d'apprendre qu'elles avaient sauvé un poney magique !

— Promets-moi de te taire, Paola, insista Comète.

Elle n'hésita pas une seconde. Elle n'avait pas pu empêcher River de se blesser, mais elle ferait tout son possible pour protéger Comète et Destiny de leurs ennemis.

— Très bien, je te promets de ne rien dire. Ton secret sera bien gardé.

Les yeux du poney brillèrent comme une améthyste.

— Merci, Paola.

Il souffla son haleine chaude sur elle et lui donna un petit coup de tête sur le bras.

Paola caressa son museau velouté nettement plus clair que sa robe, et respira à pleins poumons la bonne odeur d'herbe et de pomme qui se dégageait de l'animal.

— Tu monteras sur mon dos, quand il faudra partir à la recherche de Destiny ? demanda-t-il en fermant les yeux.

— Euh… oui… bien sûr, bredouilla Paola, effrayée à cette idée.

Cependant, elle se sentait très fière d'avoir été choisie comme amie par ce poney magique. Pas question qu'elle le laisse tomber ! Elle tiendrait sa promesse coûte que coûte.

3

— Ah, te voilà ! s'écria Annie en entrant dans le paddock. J'ai laissé ta mère se battre avec mon ordinateur. C'est un génie de l'informatique ! Heureusement, car moi, je n'y comprends vraiment rien de rien. Oh, on dirait que tu t'es déjà fait un ami !

— Oui, répondit Paola avec un grand sourire. Comète est vraiment magnifique, vous ne trouvez pas ?

— Comète ? répéta Annie, étonnée. Nous ne lui avions pas encore trouvé de nom. Celui-là lui va bien, nous allons le garder. On nous l'a confié il y a deux jours, ainsi que d'autres chevaux, mais personne ne semblait savoir d'où il venait. Je ne comprends pas que l'on abandonne un jeune poney en pleine santé comme lui.

— Oui, c'est horrible ! acquiesça Paola.

Elle savait que Comète n'avait pas été abandonné, mais elle pensait à tous les chevaux à qui pareil malheur arrivait. Heureusement qu'il existait des refuges comme Horseland !

— Puisque vous êtes devenus amis, Comète ne t'a pas dit d'où il venait, par hasard ? plaisanta Annie en caressant son encolure.

Paola se retint de sourire.

— Pas encore !

Si Annie savait !

Elles se retournèrent en entendant un véhicule approcher sur le chemin.

— Ah, voilà les enfants ! se réjouit Annie à la vue d'un minibus.

— Quels enfants ?

— Ils vivent au centre d'accueil voisin. En d'autres circonstances, ces petits n'auraient eu aucune chance de voir des poneys. Ils viennent régulièrement leur rendre visite. Ils s'en occupent et peuvent même les monter, s'ils le souhaitent. Cela permet à ces poneys qui ont parfois subi un traumatisme de reprendre peu à peu confiance.

Paola trouva l'idée géniale. Elle se demanda

ce qu'on pourrait faire pour qu'elle trouve le courage de monter sur le dos de Comète.

Elle regarda les accompagnateurs aider des enfants en fauteuil roulant à descendre du minibus pendant que les autres sautillaient d'impatience autour d'eux.

— Panda aime particulièrement ces séances, poursuivit Annie. C'est lui, là-bas, ajouta-t-elle en désignant un petit poney noir et blanc au regard doux qu'on finissait de seller. Mais ton Comète a l'air particulièrement calme, lui aussi. J'ai hâte de voir comment il se comporte avec les enfants. Tu veux bien t'en occuper ?

— Avec grand plaisir ! Qu'est-ce que je dois faire ?

— Il faudrait l'harnacher et le conduire à l'écurie. Tu trouveras tout le nécessaire dans la sellerie, d'accord ?

Paola hocha la tête et se tourna vers Comète.

— Je reviens tout de suite, lui glissa-t-elle à l'oreille.

Elle revint quelques secondes plus tard avec un licol et une longe.

— Désolée, mais je dois te mettre ça sur la tête.

— Pas de problème, je connais ces brides que portent les poneys dans votre monde.

Paola lui passa le licol avant de l'emmener dans la cour de l'écurie, où elle l'attacha à côté de Panda.

Le petit poney noir et blanc hennit et Comète répondit à son salut. Paola sourit en les voyant faire ami-ami.

— Je sens qu'on va bien s'amuser ! s'écria gaiement Comète, la crinière soulevée par la brise.

Paola sursauta, surprise qu'il lui ait parlé.

— Chut ! Quelqu'un pourrait t'entendre !

— Non, grâce à ma magie, tu es la seule à comprendre ce que je dis. Pour les autres, je m'ébroue, tout simplement.

— Mais c'est génial !!

Elle était ravie. Quel poney fabuleux ! Elle se demanda de quelle autre merveille il était capable.

Annie approcha. Elle se tenait au côté d'une fillette en fauteuil roulant, accompagnée d'une dame. Le moindre centimètre carré de son fauteuil était couvert de stickers de groupes et de chanteurs.

— Voici Flora et Jeanne, qui s'occupe d'elle. Je vous les confie, à Comète et à toi. Je suis juste à côté si tu as besoin de moi. Ça ira ?

— Très bien, dit Paola, qui se sentait pourtant un peu nerveuse. Bonjour, Flora.

— Bonjour, répondit la fillette en secouant ses couettes châtain clair.

Flora devait avoir environ sept ans. Elle avait le teint très pâle et de grands yeux noisette. Elle portait des tennis roses et un survêtement gris orné d'une étoile brillante, rose elle aussi.

Paola lança à Jeanne un regard interrogateur. Celle-ci lui sourit.

— Ne t'occupe pas de moi. Je ne suis là que pour aider Flora à sortir de son fauteuil. Fais comme si je n'étais pas là, d'accord ?

Paola hocha la tête et se retourna vers Flora.

— Moi, c'est Paola, et lui, c'est Comète un très gentil poney.

— Il est énorme ! Toi, t'as l'air d'avoir le même âge que moi, ajouta-t-elle en examinant Paola de la tête aux pieds. Comment se fait-il que tu travailles ici ?

Paola éclata de rire.

— Je vais avoir dix ans, mais c'est vrai que je parais plus jeune. Je suis juste venue donner un coup de main. Je connais très bien les poneys. J'avais même une ponette à moi. Elle s'appelait River. Mais je ne la monte plus.

— Pourquoi ?

Paola se mordilla les lèvres.

— C'est une longue histoire. Peut-être que je te la raconterai une autre fois. Et toi, tu aimes les poneys ?

Flora haussa les épaules.

— Je ne sais pas. C'est la première fois que j'en vois.

— Pas possible ! s'exclama Paola. Eh bien, voilà l'occasion rêvée de faire leur connaissance. Je suis sûre que tu vas adorer Comète.

Flora considéra le poney d'un œil inquiet.

— Qu'est-ce que je dois faire ?

— Eh bien… il vaut toujours mieux s'approcher d'un poney par le côté plutôt que d'arriver face à lui. Ainsi, il te voit mieux et tu lui fais moins peur. Ensuite, c'est bien de lui parler doucement et de lui tendre la main pour qu'il sente ton odeur. Tu veux essayer ?

— Je devrais y arriver, rétorqua Flora d'un ton ironique. Ça n'a pas l'air si sorcier que ça !

Elle appuya sur les commandes de son fauteuil

et le fit avancer sur le côté. Paola retint un sourire. Flora ne manquait pas de personnalité. Comment Comète allait-il réagir ?

Dès que Flora tendit la main vers lui, le poney magique s'adoucit et baissa la tête pour la renifler.

— Bonjour, Flora. Je suis ravi de faire ta connaissance, murmura-t-il – mais, bien sûr, Flora n'entendit qu'un hennissement.

Puis il lui souffla sur les cheveux.

Elle sursauta et rit aux éclats.

— Oh ! Il m'a chatouillée. Pourquoi il a fait ça ?

— C'est sa façon de te dire que tu lui plais.

— C'est vrai ? Super ! Moi aussi, je l'aime bien, murmura-t-elle en lui caressant timidement le museau. Oh, on dirait du velours !

Paola regarda, tout attendrie, Comète et Flora faire connaissance. Enhardie, la fillette lui caressa bientôt la joue et l'encolure. Leur rencontre était une réussite.

— Peut-être que tu pourras monter dessus la prochaine fois que tu viendras, suggéra Paola. Enfin, si vous êtes d'accord, ajouta-t-elle en se tournant vers Jeanne.

— Bien sûr. Il faudra juste que je l'aide à grimper sur le poney, mais, une fois qu'elle sera en selle, ça ira.

Flora semblait hésitante.

— Il est vraiment très grand… Je vais réfléchir.

— Alors, comment ça se passe ? demanda Annie en revenant vers elles. Veux-tu rencontrer nos autres poneys, Flora ?

— Oui, mais c'est Comète mon préféré ! Il est génial !

— Je suis entièrement de ton avis, s'esclaffa Paola. À bientôt, alors !

Flora leva ses deux pouces en l'air.

— Tu peux compter sur moi ! Au revoir, Comète. À la prochaine !

Alors que la fillette faisait pivoter son fauteuil, un cri retentit au fond de la cour.

Paola embrassa du regard Panda, qui sautillait nerveusement en tirant sur sa longe, et le jeune cavalier, terrorisé, qui se cramponnait sur son dos.

— Doucement, Panda ! s'écria Annie en courant vers lui pour le calmer. Qu'est-ce qui te prend ?

Paola fronça les sourcils. Panda lui avait paru si paisible et si gentil… Que lui arrivait-il ?

Le poney se mit à rouler des yeux et raidit l'arrière-train.

— Oh, non ! hurla-t-elle. Panda s'apprête à ruer, et le garçon va tomber !

Un picotement lui parcourut les doigts. Des étincelles violettes brillèrent sur la robe de Comète tandis que des éclairs multicolores jaillissaient de sa crinière et de sa queue chocolat.

4

À la grande stupeur de Paola, Comète souffla alors un nuage étincelant en direction de Panda. Le brouillard de paillettes multicolores traversa la cour sans que personne ne le remarque. Les particules magiques tourbillonnèrent autour du poney noir et blanc ; on aurait dit une figurine au centre d'une boule à neige.

Quand les étincelles disparurent, la panique avait quitté Panda. Il avait retrouvé son calme. Annie aida l'accompagnateur à faire descendre le petit garçon de son dos et à le remettre dans son fauteuil roulant.

Paola s'aperçut alors que le poney était encore parcouru de frémissements et donnait des coups de queue.

— Quelque chose le perturbe, grommela-t-elle en fronçant les sourcils.

Comète lui lança un petit hennissement. Panda tourna la tête vers lui et lui répondit.

— Oui, quelque chose lui pique le dos, traduisit Comète.

— Oh, le pauvre !

Paola se précipita vers Annie, qui s'excusait auprès du petit garçon.

— Je suis désolée que Panda t'ait fait peur, Tommy. Il est si gentil d'habitude, je ne sais pas ce qu'il lui a pris.

— Oh, ce n'est pas grave, la rassura le petit garçon en riant. J'adore le rodéo !

— La question n'est pas là, déclara son accompagnateur d'un ton sec. Qu'est-ce qui nous garantit que ça ne se reproduira pas ? Nous ne pouvons pas faire courir de tels risques aux enfants.

— Eh bien… commença Annie.

— Excusez-moi, mais je crois savoir ce qui s'est passé, intervint poliment Paola. Je peux inspecter sa selle ?

Annie haussa les sourcils, étonnée.

— Oui, je t'en prie.

Paola défit la sangle, souleva la selle et glissa

la main dessous. Elle tomba presque aussitôt sur une écharde enfoncée dans le cuir.

— C'est bien ce que je pensais ! s'exclama-t-elle en la délogeant pour la montrer à Annie. Voilà ce qui lui piquait le dos.

— Mon pauvre Panda ! s'apitoya Annie. C'est pour ça que tu t'es affolé ! Tu essayais de nous dire que tu souffrais. Heureusement que tu as compris ce qu'il avait, Paola. Bravo, ma chérie !

La jeune fille devint rouge comme une tomate.

— Oh, c'était juste une intuition, murmura-t-elle, regrettant de ne pas pouvoir lui dire que seul Comète méritait ces compliments.

Ce mystère résolu, Paola laissa Annie calmer et rassurer l'accompagnateur de Tommy et retourna voir le poney magique. Elle le dévisagea avec adoration.

— Bravo, Comète ! Tu as été génial !

Il agita joyeusement la queue.

— Je suis ravi d'avoir pu me rendre utile.

— Attends-moi, je reviens tout de suite !

Elle courut à la cuisine chercher une pomme croquante et juteuse pour le récompenser.

— Alors, tu as aimé Horseland ? demanda Mme Prévot sur la route du retour.

— J'ai adoré ! Les poneys sont trop mignons, et ils semblent tous en pleine forme. Panda, le petit poney noir et blanc, est un amour. Danseuse aussi. Et Porto, quelle merveille ! Dire que c'était un champion de saut d'obstacles ! Et Comète, le poney Dartmoor bai ! C'est le plus beau et...

Mme Prévot éclata de rire.

— Holà ! Pas si vite ! J'ai du mal à suivre !

— Excuse-moi ! C'est que je n'ai jamais vu un endroit aussi fabuleux. Je pourrai y retourner demain ? Annie a dit que je pouvais venir quand je voulais.

— Bien sûr. Tu l'as épatée. Elle m'a raconté ce qui s'est passé avec Panda. Tu l'as sortie d'une situation très difficile. Bravo, ma chérie ! Je suis fière de toi.

— Oh, je n'ai pas fait grand-chose, bafouilla Paola.

— Au contraire ! Je suis très impressionnée. Et on dirait que tu es tombée amoureuse de ce petit poney bai. Comment s'appelle-t-il, déjà ?

— Comète. Il est vraiment spécial.

— En tout cas, il a un effet magique sur toi.

— Co… comment ça ? bégaya Paola.

Sa mère l'aurait-elle entendue lui parler ? « Pitié, faites que je n'aie pas trahi son secret », pria Paola, le cœur battant.

— Eh bien, poursuivit Mme Prévot, tu sembles transformée. Tu étais tellement tendue, pendant le déjeuner. Ça m'a même étonnée que tu acceptes de venir avec moi.

— C'est une chance, sinon je n'aurais pas fait la connaissance de Comète. Il est tellement doux qu'il a même séduit Flora. Pourtant elle mourait de peur, au début. Je pense parvenir à la convaincre de monter dessus, la prochaine fois.

— Ce serait merveilleux ! Oh, non, attends une minute ! Je me souviens tout à coup que je dois conduire la voiture chez le garagiste demain matin. Je ne pourrai pas t'emmener à la ferme.

— Ça ne fait rien. J'irai à vélo.

Sa mère écarquilla les yeux, stupéfaite.

— Dis donc, tu tiens vraiment à t'occuper de ces poneys ! Je te comprends. C'est merveilleux de les voir reprendre confiance en eux.

— Si seulement je pouvais moi aussi reprendre confiance, et remonter à cheval, murmura tristement Paola, songeant qu'elle avait promis à Comète de l'aider à retrouver Destiny.

Sa mère lui sourit d'un air entendu.

— Crois-moi, ma chérie, une fan de poneys comme toi ne résistera pas longtemps au désir de se remettre en selle.

Paola sourit, rassurée. Pourvu que sa mère ait raison !

5

Paola fut réveillée le lendemain matin par un soleil magnifique et le chant des oiseaux. Il devait être encore très tôt, car il n'y avait pas de circulation dans la rue.

Elle avait hâte de revoir Comète, ne serait-ce que pour s'assurer qu'elle n'avait pas rêvé. Elle repoussa sa couette, enfila un short et un tee-shirt. Puis, après avoir bu un verre de jus d'orange, elle laissa un mot à ses parents sur la table de la cuisine, attrapa sa bicyclette et prit la direction de Horseland.

Il y avait une éternité qu'elle n'avait pas fait de vélo, et elle arriva hors d'haleine au sommet de la colline qui dominait la vieille ferme. Elle reprit son souffle en descendant en roue libre jusqu'à l'entrée du refuge. Le paddock, trempé de rosée, était vide ; Paola en déduisit que les poneys se trouvaient encore dans leur box. Ne voyant ni Annie ni aucun membre du personnel, elle ouvrit la porte de l'écurie pour se glisser à l'intérieur.

Comète sortit aussitôt la tête pour la saluer.

— Bonjour, Paola !

— Bonjour, Comète !

Elle passa les bras autour de son encolure soyeuse et posa sa joue contre sa peau douce et chaude.

— Tu me manquais trop. Alors j'ai sauté sur mon vélo dès que je me suis réveillée.

— C'est gentil de venir si tôt.

Quelques étincelles jaillirent, la porte de son box s'ouvrit et il s'avança vers elle.

— Nous avons le temps d'aller chercher Destiny. Monte sur mon dos.

Paola se raidit, la bouche soudain sèche. Peut-être que, si elle obéissait sans réfléchir, tout se passerait bien.

D'un pas vacillant, elle se dirigea vers le montoir. Il faut que j'y arrive, s'encouragea-t-elle.

Dans un effort surhumain, elle réussit à passer sa jambe droite par-dessus l'échine du poney magique. Elle ferma les yeux et, luttant de toutes ses forces contre la panique, s'agrippa fermement à sa crinière et s'assit.

— Je… je suis prête, bégaya-t-elle.

Comète ne bougea pas. Les oreilles couchées, il tourna la tête vers elle.

— Qu'est-ce qui ne va pas, Paola ? Tu n'as pas l'air à l'aise.

— Je voudrais tellement pouvoir chevaucher sur ton dos, mais je n'en ai pas le courage, avoua-t-elle, les yeux remplis de larmes. Pas encore !

Elle redescendit sur le montoir et, une fois à terre, elle se sentit complètement abattue.

— Je suis désolée de te laisser tomber, Comète. Tu dois me détester. Je ne t'en voudrai pas si tu demandes de l'aide à quelqu'un d'autre.

Sur ces mots, elle quitta l'écurie à toutes jambes.

Elle s'aperçut que Comète la suivait. Ses sabots ne faisaient pas le moindre bruit sur le sol.

— Je t'en prie, arrête-toi ! la supplia-t-il. Et explique-moi ce qui t'arrive.

Elle prit une profonde inspiration.

— Voilà. J'ai… j'ai eu un accident il y a quelques mois. Je me promenais dans un champ avec River, ma ponette, quand un chasseur a tiré un coup de feu. River a eu peur, elle s'est emballée. Moi, je suis tombée en me cassant le bras et elle, elle a mis le pied dans un trou de lapin et s'est gravement blessée. On a failli l'ab... l'ab...

Elle s'arrêta, incapable de prononcer l'horrible mot.

— Finalement, on a pu la sauver, et on l'a confiée à une pension pour chevaux à la retraite. Mais, depuis cet accident, j'ai très peur de remonter à cheval.

Comète hocha lentement la tête et sa crinière tomba sur ses yeux.

— Je comprends que tu aies du mal à t'en remettre. C'est une histoire affreuse. Sur l'île du Brouillard arc-en-ciel, nous avons un dicton : « Ceux que nous aimons ne sont jamais loin tant que nous pensons à eux. »

Paola appuya son visage contre la joue du poney et sentit avec surprise sa tristesse disparaître.

— Tu as raison. Je pense à River tous les jours et maman m'a proposé d'aller la voir de temps en temps. Elle voudrait que je monte de nouveau à cheval, mais je meurs de peur rien que d'y penser, avoua-t-elle en baissant la tête.

Comète réfléchit quelques instants.

— J'ai une idée.

— Vraiment ?

Paola vit ses beaux yeux briller tout à coup.

— Grâce à tes dons, tu vas me faire oublier ce qui s'est passé et me débarrasser de ma peur, c'est ça ? demanda-t-elle, pleine d'espoir.

— Non, Paola. Ce ne serait pas bien. Nos souvenirs font partie de nous. Tu dois te montrer courageuse. Je ne serai pas toujours là pour résoudre tes problèmes.

Paola sentit son cœur se serrer à l'idée que le poney magique repartirait un jour sur son île avec sa sœur jumelle. Mais elle ne voulait pas y penser davantage pour l'instant.

— Merci de ta gentillesse, Comète. Tu es vraiment le meilleur ami du monde.

Elle lui tendit les mains. Il enfonça son museau entre ses paumes et ils partagèrent un instant de tendresse qu'elle n'oublierait jamais, elle le savait.

— Tu vas partir à la recherche de Destiny, maintenant ? demanda-t-elle.

Il hocha la tête d'un air déterminé.

— Oui, et tu vas m'aider.

— Mais… co… comment ?

Son cœur recommença à s'emballer. Allait-il insister pour qu'elle monte sur son dos, malgré tout ce qu'elle lui avait dit ?

6

Elle étouffa un cri quand un picotement lui parcourut les doigts. De grosses étincelles violettes s'allumèrent dans la robe baie de Comète et un épais brouillard multicolore les enveloppa.

Le sol sembla soudain mou et souple sous les pieds de Paola, et elle s'aperçut qu'ils se tenaient tous deux sur un petit nuage cotonneux.

— Accroche-toi bien, petite !

La jeune fille s'agrippa à l'épaisse crinière chocolat du poney et le nuage s'éleva dans les airs au-dessus de la campagne, avant de filer à toute allure au-dessus des collines et des vallées.

Sur leur passage, deux pigeons s'envolèrent, affolés, et un écureuil courut se cacher sous les feuillages.

— Waouh ! C'est génial ! cria Paola.

Le nuage était très haut dans le ciel, mais elle se sentait en sécurité, pressée contre l'épaule chaude et rassurante de Comète, protégée par sa magie.

Ils s'approchèrent d'un groupe de poneys qui trottaient dans un pré. Hélas, Destiny ne se trouvait pas parmi eux. Ils ne virent plus d'autres chevaux par la suite.

Comme Comète baissait les oreilles sous l'effet de la déception, Paola lui caressa l'encolure.

— Nous la retrouverons, promit-elle. Nous la chercherons le temps qu'il faudra. On ne sait jamais, elle est peut-être passée par là.

— Non, Paola. Sinon, elle aurait laissé des traces.

— Quelle sorte de traces ? demanda-t-elle avec curiosité.

— Une ligne d'empreintes scintillantes. Mais peu de gens de ton monde peuvent les voir.

— Moi, je le pourrais ?

— Seulement si je te portais sur mon dos ou si tu marchais juste à côté de moi. Maintenant, il faut qu'on rentre, ajouta-t-il en regardant le soleil, qui brillait à présent au-dessus des arbres. Sinon, on va se demander où tu es passée.

Paola se cramponna à sa crinière. Un damier de champs, de villages et de routes défilait à toute vitesse en dessous d'eux. Quelques secondes plus tard, la ferme et l'écurie apparurent. Dans un dernier éclair violet et un jaillissement d'étincelles multicolores, Paola se retrouva debout devant le box de Comète.

Il était temps ! Annie entra dans l'écurie deux secondes plus tard.

— Ah, c'est bien ton vélo que j'ai vu dehors ! Tu t'es levée tôt, ce matin !

— Oui, j'avais hâte de venir.

— Pour revoir Comète, c'est ça ? devina Annie. C'est trop gentil ! Tu as l'air de t'entendre parfaitement avec lui. Hier soir, le centre a appelé pour dire que les enfants avaient passé une excellente journée. En particulier Flora. Elle n'a pas arrêté de parler de toi et de Comète, et elle a insisté pour revenir nous voir aujourd'hui.

— C'est génial ! s'exclama Paola, très contente d'avoir su communiquer à la fillette son amour des poneys.

— En effet. Mais, avec cette visite imprévue, la journée va être chargée. On doit nous amener un nouveau pensionnaire en fin d'après-midi. Comme il est en très mauvaise santé, je préfère que les enfants ne le voient pas.

— Oh, le pauvre ! compatit Paola.

— Sais-tu si ta mère a l'intention de venir aujourd'hui ? Nous aurions grand besoin de son aide.

— Elle devait conduire la voiture chez le garagiste ce matin. C'est pour ça que je suis venue à bicyclette. Vous feriez mieux de l'appeler. En tout cas, moi, je peux vous donner un coup de main.

— C'est super ! Merci, Paola. Pourrais-tu mettre les poneys dans le paddock, ensuite m'aider à nettoyer les box ?

— Pas de problème !

La jeune fille fit d'abord sortir Panda et Danseuse, qu'elle regarda galoper vers le fond du pré. Puis elle alla chercher Porter, l'ancien champion de saut d'obstacles. Elle s'occupa de Comète en dernier.

— Je reviendrai te voir tout à l'heure, lui dit-elle avant de fermer la porte du paddock. J'ai adoré notre balade sur le nuage, c'était génial !

— Moi aussi, répondit-il, les yeux pleins d'affection. Ça m'a rappelé quand je jouais avec Destiny.

— Nous repartirons bientôt à sa recherche, promit-elle.

— Merci, Paola.

Sur ces mots, il pivota et trottina vers Panda, qui broutait l'herbe tendre.

« C'est le meilleur ami qu'on puisse avoir », songeait Paola en finissant de ramasser le crottin.

Elle était bien décidée à monter sur son dos la prochaine fois qu'ils partiraient à la recherche de Destiny. Comète avait vraiment été gentil de l'emmener sur ce nuage, mais leurs recherches seraient beaucoup plus efficaces s'ils restaient au niveau du sol.

Elle rangeait la fourche et la brouette quand Annie l'appela pour lui dire qu'un bon chocolat chaud l'attendait à la ferme.

— Je viens d'avoir ta mère au bout du fil, elle passera tout à l'heure. Elle m'a dit que tu n'avais pas pris ton petit déjeuner. Alors viens tout de suite manger, jeune fille !

— Oui, madame, répondit Paola avec un grand sourire.

Son estomac se mit à gargouiller et elle s'aperçut qu'elle mourait de faim. Elle repoussa les cheveux qui tombaient sur son visage en sueur et alla se laver les mains. Puis elle s'attabla avec Annie et deux de ses employées devant un solide petit déjeuner.

— Tu bois du chocolat chaud même en plein été ? s'étonna Annie.

— Il n'y a pas de saison pour ça ! répondit Paola avant d'en engloutir une tasse entière.

Dès qu'elle eut terminé ses tartines, elle retourna voir Comète. Peu après, le minibus s'arrêta dans la cour et les portes s'ouvrirent.

— Aujourd'hui, Flora est la première à descendre, constata Paola. Elle doit être pressée de te retrouver, Comète.

— Moi aussi, je me réjouis de la revoir, répondit le poney magique tandis que la fillette fonçait vers lui dans son fauteuil roulant, suivie par Jeanne.

— Coucou, Paola ! Coucou, Comète ! lança-t-elle joyeusement.

— Bonjour, Paola, reprit Jeanne avec un grand sourire.

— Je suis ravie de vous revoir, répondit Paola avec chaleur.

Elle trouva la fillette encore plus pâle que la veille. De gros cernes se dessinaient sous ses yeux. Mais, dès que le regard de Flora se posa sur Comète, son visage s'illumina. Elle lui caressa la joue et il baissa la tête pour lui permettre de passer les bras autour de son encolure et de le serrer contre elle.

— Tu te souviens de moi, mon grand ! s'écria-t-elle en embrassant le bout de son museau.

Puis elle se tourna vers Paola d'un air déterminé.

— Ça y est ! Je suis décidée à monter sur son dos. Tout de suite.

Paola adressa un regard interrogateur à Jeanne, qui hocha la tête.

— Pas de problème. Je vais t'aider.

— C'est parti ! s'exclama Paola avec un grand sourire.

7

— Alors, comment tu te sens là-haut ? Surtout, n'hésite pas à le dire, si tu veux arrêter pour te reposer.

— Pas question ! s'écria Flora.

Paola faisait faire le tour de la cour à Comète. Elle lui avait mis une selle western, qui soutenait mieux le petit corps frêle de Flora qu'une selle anglaise.

— J'adore ça ! continua la petite fille, qui se

tenait au pommeau, l'air réjoui. Je fais du poney! C'est super!

Comète s'amusait bien, lui aussi. Il avançait doucement, la tête haute pour empêcher Flora de glisser. Mais la fillette se tenait bien droite, et elle interpellait fièrement tous ceux qu'elle croisait.

— Regardez-moi! Regardez-moi!

La séance terminée, Jeanne l'aida à descendre de cheval. Flora, épuisée, s'affala dans son fauteuil roulant, mais elle trouva tout de même la force de serrer une dernière fois Comète dans ses bras avant de partir.

— À bientôt, Comète, murmura-t-elle d'une toute petite voix. Au revoir, Paola. Et merci beaucoup. J'ai adoré.

— Je suis contente que ça t'ait plu, répondit Paola, très inquiète de la voir si faible.

Elle resta debout près de Comète à agiter la main jusqu'à ce que le minibus disparaisse.

Annie vint la rejoindre alors qu'elle détachait la sangle de Comète.

— Je suis ravie que Flora se soit bien amusée. Cela lui fera de bons souvenirs à emporter à l'hôpital.

— À l'hôpital ? répéta Paola, effrayée.

Annie hocha la tête.

— Jeanne m'a dit qu'elle devait s'y rendre régulièrement pour son traitement. Elle y passe une semaine à chaque fois et, évidemment, le temps lui paraît long.

— Qu'est-ce que ça doit être dur ! compatit Paola.

— Flora est une petite fille très courageuse. Je l'aime beaucoup, déclara Comète une fois Annie partie.

— Moi aussi. J'espère qu'elle va guérir.

Elle aurait voulu faire quelque chose pour l'aider. Peut-être pourrait-elle demander à sa mère de l'emmener la voir à l'hôpital.

Elle alla ranger la selle western et revint s'occuper de Comète.

— C'est l'heure de te donner de la bonne avoine, lui dit-elle.

Au même moment, une jeep attelée à un van entra dans la cour. À l'intérieur du véhicule, c'était un concert de hennissements aigus et de coups de sabot.

— Ce nouveau poney n'a pas l'air content, murmura Paola.

Elle mourait d'envie de le voir.

— Ça ne te fait rien d'attendre ton avoine une minute ? demanda-t-elle à Comète.

Il secoua la tête, les oreilles tendues en direction de l'attelage.

— Non, mais laisse-moi dans la cour : je voudrais le voir, moi aussi.

Paola regarda Annie et le conducteur déverrouiller et abaisser la rampe. Tapie à l'intérieur, roulant des yeux emplis de terreur, se tenait la ponette la plus maigre du monde. Elle était d'un joli alezan foncé, avec une crinière et une queue blondes et quatre balzanes blanches. Elle avait les crins tout emmêlés, et sa robe et ses pattes étaient couvertes de boue.

— Oh, la pauvre ! gémit Paola. On voit ses côtes. Elle a bien besoin de se remplumer.

La ponette se remit à hennir et à donner des coups de sabot. Elle tirait sur sa corde en agitant les oreilles comme une folle. Paola eut peur qu'elle se blesse.

Comète poussa des petits hennissements et la ponette se figea sous l'effet de la surprise. Elle dressa les oreilles pour l'écouter. Puis, au bout d'un moment, elle lui répondit. Comète hocha la tête.

— Elle dit qu'elle s'appelle Saule. Elle n'a pas confiance dans les humains. Elle les croit tous cruels et méchants.

— C'est affreux !

Paola la plaignait de tout son cœur. Elle aurait voulu rassurer la pauvre bête, qui tremblait de tous ses membres. Mais comment convaincre une ponette terrorisée qu'on ne lui veut aucun mal ?

Comète se remit à hennir et Saule parut se calmer. Quand il se tut, elle dévisagea Paola de ses grands yeux sombres.

— Qu'est-ce que tu lui as dit ? chuchota Paola, stupéfaite de ce changement.

— Que tu étais gentille et qu'elle pouvait te faire confiance. Saule a besoin de toi, Paola, ajouta-t-il, suppliant.

Paola se pinça les lèvres. La tâche lui semblait impossible, mais son ami avait raison : elle devait aider cette pauvre ponette. Elle adressa un sourire confiant à Comète.

Pendant ce temps, Annie avait décidé de prendre la situation en main.

— Bon, reculez, tous. Il est temps de mettre cette ponette dans un bon box tout propre.

Mais, dès que Saule posa la patte sur la rampe, elle se mit à ruer et la corde effilochée qui la retenait cassa d'un coup sec.

— Oh, non ! Doucement, ma grande ! murmura Annie. Personne ne te fera de mal.

Saule ne l'écoutait pas. Elle grognait, hennissait et donnait des coups de sabot, affolée de se sentir coincée dans cet espace étroit.

Annie se retira aussitôt.

— D'accord, j'ai compris. Pauvre bête ! Elle est terrifiée. Nous devons la sortir de là avant qu'elle se fasse mal. Mais elle n'a pas l'air de vouloir se laisser approcher par qui que ce soit.

— Peut-être qu'elle me laissera faire... suggéra Paola en marchant d'un pas assuré vers le van. Je vais essayer, d'accord ?

Annie secoua la tête.

— Non, Paola, il n'en est pas question. C'est beaucoup trop dangereux !

8

— Je vous en supplie. Je ferai très attention.

Annie fronça les sourcils.

— Je ne crois pas que ce soit une bonne idée.

— Je vous promets de ne pas m'approcher trop près sans votre permission. Je vous en prie, Annie, laissez-moi au moins essayer.

— C'est si important pour toi ?

— Oui, vraiment.

Annie hocha lentement la tête.

— Bon. Très bien. Mais avance doucement et

ne quitte pas la ponette des yeux. Et tu recules dès que je te le dis, compris ?

— Compris.

Malgré son air assuré, Paola sentit le trac l'envahir quand elle arriva au pied de la rampe.

— Bonjour, ma grande. N'aie pas peur. Je m'appelle Paola et je veux être ton amie. Tu vas te plaire, ici. C'est un endroit merveilleux où tout le monde s'occupera bien de toi. Alors laisse-nous une chance…

Saule ne bougeait plus et la dévisageait de ses grands yeux.

— Bravo, Paola ! l'encouragea Annie à mi-voix. Tu t'en sors très bien.

La jeune fille sentit instinctivement qu'elle ne devait pas monter sur la rampe.

— C'est bien, reprit-elle sans bouger. Tu vois, je ne suis pas méchante. Je ne veux pas te faire peur. Je reste là.

Saule agita les oreilles, l'air de dire : « Qu'est-ce

que tu attends ? » Puis elle baissa la tête, leva délicatement une patte et avança d'un pas. Elle donna un petit coup de queue et en fit un autre. Elle avait à présent les deux pattes antérieures sur la rampe. Elle s'arrêta, un peu surprise, et dévisagea Paola d'un air interrogateur.

— Tu veux que je te montre ta nouvelle écurie, hein ?

Paola mit ses mains derrière son dos pour résister à l'envie de les tendre vers la ponette et attendit patiemment qu'elle finisse de descendre la rampe.

Saule s'approcha d'elle et renifla son tee-shirt et son jean pour s'accoutumer à son odeur.

— Tu es prête, maintenant ? Tu viens ? demanda Paola, avant de pivoter lentement et de faire quelques pas.

Saule la suivit.

La jeune fille s'arrêta, tendit la main en arrière et saisit doucement la corde cassée.

— C'est bien. Tu es une brave ponette, murmura-t-elle à Saule tout en la conduisant vers l'écurie.

Elle la fit entrer dans un box et referma la porte.

— Bravo, Paola ! la félicita Annie quand elle ressortit dans la cour. Tu m'as impressionnée. Tu sais vraiment y faire avec les chevaux.

Accepterais-tu de t'occuper de Saule ? Ce sera très long et il te faudra beaucoup de patience. Mais elle a l'air de te faire confiance, et c'est déjà énorme pour une ponette qui a été autant maltraitée. Qu'en dis-tu ?

— Avec plaisir ! répondit sans hésiter Paola, très fière de se voir confier une telle mission. Quand je vais dire ça à Comète... euh, à maman, s'empressa-t-elle de corriger, elle n'en reviendra pas !

Elle courut rejoindre le poney magique pour lui annoncer la grande nouvelle.

— C'est fantastique, non ? Je n'y serais jamais arrivée sans toi.

Comète frotta affectueusement la joue contre son bras.

— Je n'ai pas fait grand-chose. Tu as aidé Saule à surmonter sa peur en restant calme et en la laissant venir à toi.

— Oui, je n'en reviens pas ! Je pensais tellement à elle que j'ai complètement oublié mon trac.

Comète hocha la tête.

— Parfois, nous sommes plus courageux que nous ne le croyons.

Paola arrivait tous les matins très tôt à la ferme. Elle nettoyait les box, sortait les poneys, leur faisait faire de l'exercice et s'occupait de l'entretien du matériel. Il y avait toujours des visiteurs et de nouveaux chevaux à accueillir. Paola progressait très vite avec Saule, qui la laissait désormais approcher.

Le week-end s'annonçait magnifique quand la mère de Paola la déposa à Horseland le samedi matin, avant d'aller faire des courses.

— Amuse-toi bien, ma chérie. Et dis bonjour à Comète de ma part !

— C'est promis. Merci de m'avoir accompagnée !

Comme toujours, Paola se rendit directement à l'écurie pour saluer le poney magique avant de commencer sa journée. À sa grande surprise, deux hennissements joyeux l'accueillirent.

— Tu entends ça, Comète ? Saule me dit bonjour, elle aussi !

Elle leva lentement la main pour caresser le museau de la ponette. Saule agita les oreilles mais se laissa faire. Elle poussa même un long soupir de satisfaction, l'air de dire : « Cet endroit n'est pas si effrayant, finalement ! »

— Elle est vraiment jolie, murmura Paola en contemplant ses grands yeux sombres. Je sens que nous allons devenir de grandes amies.

Comète hocha la tête, ravi.

Paola brossait Comète quand elle entendit Annie parler à une des employées dans la sellerie.

— … Quelle tristesse ! Elle allait si bien avant d'apprendre qu'elle devrait rester plus longtemps à l'hôpital. Il faudrait trouver un moyen de lui remonter le moral.

— Elles parlent de Flora, chuchota Paola à l'oreille de Comète.

Elle se rappela avec une pointe de remords qu'elle avait eu l'intention de lui rendre visite. Mais, à l'arrivée de Saule, elle l'avait complètement oubliée. Elle eut alors une idée.

— Comète ! Et si nous… ?

Le poney magique l'écouta attentivement exposer son plan.

— D'accord. Conduis-moi jusqu'au petit bois qui se trouve au fond du paddock.

Paola obéit.

— Tu es prête ? demanda Comète avec impatience. Monte sur mon dos.

Paola prit une profonde inspiration. « Je peux le faire », s'encouragea-t-elle mentalement. Flora avait besoin d'eux. Prenant son courage à deux mains, la jeune fille grimpa sur Comète et s'agrippa à sa crinière.

— Allons-y ! s'écria-t-elle d'un ton décidé.

Le picotement familier lui parcourut les doigts tandis que des étincelles violettes éclairaient la robe baie du poney. Une nuée de petits arcs-en-ciel enveloppèrent Comète et sa cavalière. L'animal s'élança en poussant un hennissement de triomphe, queue et crinière au vent.

— Bravo, Paola ! Tu montes de nouveau à cheval !

— Oh, mon Dieu, c'est vrai ! Waouh ! C'est fabuleux ! Et je n'ai pas peur du tout !

Elle n'en revenait pas. Monter ce poney magique lui semblait la chose la plus naturelle du monde.

— Tu pensais trop à Flora pour avoir peur. Comme tout à l'heure avec Saule. Tu n'as pas besoin de ma magie. Ta gentillesse t'a guérie !

Comète avait raison. Paola se sentait très fière d'avoir vaincu sa peur. Et de monter le plus fabuleux poney de l'univers !

9

Une bouffée de bonheur la submergea. Elle en avait la tête qui tournait. Protégée par la magie de ce merveilleux poney, elle se sentait en sécurité. Elle aurait voulu que leur chevauchée ne prenne jamais fin. Couchée sur son encolure, elle accompagnait ses puissantes foulées. Elle mesura à quel point l'équitation lui avait manqué. River serait fière qu'elle ait réussi à vaincre sa peur. Elle se promit d'aller lui rendre visite pour lui parler de Comète.

— Oh, j'adore ! Vas-y, Comète ! Plus vite !

L'hôpital fut bientôt en vue. Dans une pluie de paillettes multicolores apparut une petite fille sur son lit, dans une chambre au rez-de-chaussée.

— C'est Flora ! s'écria Paola.

Comète se posa sur le parking, derrière un groupe d'arbres. Brusquement, il se raidit en scrutant le sol. Paola regarda par-dessus son épaule et écarquilla les yeux : des empreintes violettes de sabot scintillaient faiblement sur le goudron.

— Destiny est passée par là ! s'écria le poney.

Paola retint un cri. Allait-il la quitter pour rejoindre sa jumelle ?

— Elle se trouve près d'ici ? demanda-t-elle.

— Non. Cette trace n'est pas fraîche, et, si Destiny était proche, j'entendrais le bruit de ses sabots.

— Moi aussi ?

— Oui, à condition que tu sois à mon côté. Mais pas les autres humains. Tu sais, je risque de partir subitement si je retrouve sa trace, la prévint-il d'un air grave. Je n'aurai peut-être pas le temps de te dire au revoir.

— Vous ne pourriez pas rester tous les deux à la ferme ? proposa-t-elle d'une voix chevrotante.

Comète secoua la tête.

— Hélas, c'est impossible ! Nous devons retrouver notre famille sur l'île du Brouillard arc-en-ciel. Tu comprends ça, Paola ?

Elle hocha la tête avec tristesse, en refoulant ses larmes.

— Allons voir Flora, suggéra-t-elle pour changer de sujet.

Elle mit pied à terre et ils longèrent l'hôpital. Flora était couchée sur son lit. Elle paraissait très pâle et très fatiguée.

Sa fenêtre était entrouverte. Paola toqua à la vitre pour attirer son attention.

La fillette fronça les sourcils et tourna la tête. Elle sursauta en les voyant et un immense sourire illumina son visage.

— Comète ! Paola ! Qu'est-ce que vous faites là ?

— Nous sommes venus te rendre visite, répondit gaiement Paola en poussant la fenêtre pour que Comète puisse y passer la tête.

Flora éclata de rire.

— Bravo, Comète ! Je parie que c'est la première fois qu'un poney vient dans cet hôpital. Mais comment l'as-tu amené, Paola ? Dans un van ?

— Euh… oui, mentit-elle, prise au dépourvu. Mais Annie n'est pas au courant, alors, surtout, ne dis rien à personne, d'accord ? Sinon j'aurai de gros ennuis.

— Promis, juré ! s'écria la fillette. Je n'en reviens pas. C'est trop fort !

— Alors… comment te sens-tu ?

Les joues de Flora étaient aussi roses que son pyjama.

— Je m'ennuyais à mourir, mais plus maintenant ! Raconte-moi ce qui se passe à la ferme, et n'oublie aucun détail !

— Eh bien, une nouvelle ponette est arrivée. Elle s'appelle Saule. Tu vas l'adorer…

Paola se cramponna à Comète sur le chemin du retour. Ils longèrent des boutiques et des immeubles avant de retrouver la campagne. Quelques minutes plus tard, Horseland apparut au loin.

— C'était génial, Comète ! Nous avons réussi à remonter le moral de Flora, tu ne crois pas ?

Il acquiesça en hennissant. Puis, dans un nuage d'étincelles, il sauta dans le paddock, où Panda, Danseuse et Porter broutaient l'herbe tendre. Derrière eux, Paola aperçut avec surprise une petite jument alezane avec quatre balzanes blanches.

— Saule !

Elle était ravie de voir qu'on l'avait mise avec les autres poneys. Quelques jours avaient suffi à la transformer. Elle avait déjà repris du poids et sa robe commençait à briller. Dès qu'elle vit Comète et Paola, elle trotta vers eux.

Paola descendit de cheval et ils s'avancèrent tous deux à sa rencontre. Saule frotta son museau contre l'encolure soyeuse de Comète, qui mordilla doucement sa crinière en retour.

Paola les regarda en souriant, tout attendrie.

Elle tourna la tête vers l'écurie et songea à tous les poneys qui auraient besoin de son aide. Elle savait désormais à quoi elle voulait consacrer sa vie.

Elle sourit à Comète, convaincue d'être la fille la plus chanceuse du monde.

Il régnait un calme inhabituel. Ils devaient tous être à l'intérieur en train de prendre le thé. Soudain, Paola entendit ce bruit qu'elle avait tant espéré et redouté à la fois : le grondement sourd d'un cheval qui galopait au-dessus de sa tête.

Elle resta pétrifiée. Pas de doute possible, c'était Destiny !

Comète donna un coup de queue et partit à fond de train vers le bout du pré. Paola courut après lui. Soudain, un éclair éblouissant l'aveugla et un brouillard multicolore enveloppa le poney magique, qui apparut alors sous sa véritable apparence. Le soleil faisait briller sa noble encolure, sa robe crème, sa crinière, sa queue et ses deux magnifiques ailes dorées. Paola avait presque oublié à quel point il était beau.

— Comète ! Tu t'en vas ?

La tristesse voila le regard violet du poney.

— Oui, je dois partir si je veux retrouver Destiny et la ramener saine et sauve à la maison.

Les yeux remplis de larmes, Paola passa ses bras autour de son encolure et pressa sa joue contre la sienne.

— Je ne t'oublierai jamais, chuchota-t-elle, bouleversée.

— Moi non plus, je ne t'oublierai jamais. Tu as été une excellente amie, Paola. Au revoir, ajouta-t-il en se dégageant doucement. Fais bien attention à toi.

Il y eut un dernier éclair, et une explosion d'étincelles violettes qui tintèrent comme le rire d'une fée quand elles touchèrent le sol.

Comète étendit ses ailes d'or, s'éleva dans le ciel et disparut.

Paola resta pétrifiée, la gorge nouée par le chagrin. Tout s'était passé si vite! Elle aperçut quelque chose qui brillait dans l'herbe. C'était une plume d'or. Elle la ramassa.

La plume lui picota la main tandis qu'elle changeait de couleur et prenait une teinte crème. Paola la glissa dans sa poche. Elle la garderait toujours, en souvenir de son ami magique et de la merveilleuse aventure qu'ils avaient partagée.

Elle regagna tristement l'entrée du paddock et vit Saule qui l'attendait près de la clôture. La petite ponette lui toucha doucement le bras du bout du museau, l'air de dire: «Moi, je suis encore là. Nous allons veiller l'une sur l'autre.»

Le cœur de Paola se gonfla de tendresse. Comète avait fait en sorte de lui laisser une amie avant de la quitter pour toujours. Et, grâce au poney magique, elle avait retrouvé le plaisir de monter à cheval.

— Merci de m'avoir fait confiance, Comète, chuchota-t-elle. J'espère que tu retrouveras Destiny et que vous regagnerez l'île du Brouillard arc-en-ciel sains et saufs.

Et découvre aussi …

Éléonore s’ennuie toute seule
en vacances… Heureusement,
elle rencontre Comète, le poney magique,
qui cherche une nouvelle amie !

Et découvre aussi …

Margot rêve d'avoir un poney, mais ses espoirs s'envolent quand son père perd son travail. Heureusement, Comète, le poney magique, va lui venir en aide…

Ouvrage composé par
PCA – 44400 REZÉ

Imprimé en Espagne
par Cayfosa
S21163/05

PKJ · www.pocketjeunesse.fr
POCKET JEUNESSE

MIXTE
Papier issu de
sources responsables
FSC® C003309
FSC
www.fsc.org

Pocket Jeunesse, une marque d'Univers Poche,
est un éditeur qui s'engage pour
la préservation de son environnement
et qui utilise du papier fabriqué à partir
de bois provenant de forêts gérées
de manière responsable.